ELUCUBRATIONS DE MES PROFONDEURS

LE TEMPS DEFILE

Chaque instant, je le savoure
Le temps défile et n'est pas flexible
Je me réjouis de chaque jour
Où vivre m'est accessible

Anthropophage, le temps défile
On n'en gagne ni n'en perd
Des hommes le tuent en inutile
On ne revient pas en arrière

Le temps défile et les temps changent
Les tendances durent les temps qui courent
Les temps sont durs, les tendres se rangent
Vieillissent en attendant leur tour

Le temps défile, on le trouve long
On en consacre ou on en donne
Certains le comptent, mesure de compétition
On le regrette, il manque à d'autres personnes

Le temps défile, inarrêtable manœuvre
A la dérive dans les méandres
De l'existence, ce long fleuve
Jamais tranquille, j'appréhende

Le temps défile, les petits grandissent
Une année passe, on en prend dix
Les corps se tassent, les os raidissent
Se peut-il que je m'attendrisse ?

OBSCENES OBSEQUES :
MR. LE P.D.G.

Toute sa vie Monsieur le P.D.G.
N'a pas eu pitié des gens
Le sommeil lourd, le cœur léger
Pendant que rentrait l'argent

Mais quand viendra son dernier souffle
Pas moyen d'y échapper
Avant que les asticots ne le bouffent
Les remords l'auront rattrapé

L'heure est venue de ses obsèques
Et elles sont des plus obscènes
Un enterrement si grotesque
Qu'on me laisse décrire la scène

Je l'imagine déjà au cœur
De l'un de mes délirants fantasmes
A l'agonie, sa dernière heure
Sera des plus fantasques

A vous de choisir l'intitulé
La revanche des employés
La vengeance des exploités
Le trépas d'un petit thuné

Si peu de monde à son enterrement
Comment en être étonné ?
Seuls quelques gens présents tellement
Personne ne va le regretter

Une chose est sûre, ces derniers
Ne sont pas venus là en pleurs
Et encore moins pour orner
Sa sépulture de jolies fleurs

Mais s'occuper de sa dépouille
Non pas l'embrasser dans le cou
Mais juste lui couper les couilles
Les lui faire bouffer d'un coup

Puis y arracher après ses dents
Jouissives préliminaires,
D'un carnage sans précédent
Démarrant dans ce cimetière

Il paraît qu'on revoit toute sa vie
Défiler devant nos yeux
Monsieur le P.D.G. il s'agit
De vos nombreux actes odieux

En l'espace de quelques heures
Se ressassent dans l'horreur
Les erreurs et les regrets
Les aigreurs qui se créent

Vos maîtresses et votre femme
Mises au courant du secret
Vous travailleront à la flamme
Au-delà de tout décret

Vous restez là, la gueule ouverte
Avec le chibre entre les lèvres
Et tout autour, pour votre perte
Voyez-vous ces gens qui se lèvent ?

Etes-vous capable de distinguer
Qui sont ces visages menaçants
Venus en masse vous épingler ?
Ils sont à peu près trois cent

Tous les travailleurs jetables
Dont vous vous êtes servi
Et que vous traitiez d'incapables
Au lieu de leur dire merci

Débute le bouquet final
Histoire de clore la scène
Au fond quoi de plus banal
Que chacun d'entre eux vous assène

Un coup pour chaque heure non payée
Chaque litre de sueur versé
Chaque goutte de sang qui a coulé
De la part des discriminés

Qu'ils soient jaunes, beurs, ou noirs
En situation précaire
Qui ont travaillé au noir
Pour que votre compte bancaire

Atteigne toujours le maximum
La seule question que je me pose :
Etiez vous vraiment un homme ?
Que votre corps en guerre repose

JUSTE UN (BON) COUP

Depuis que tu m'as tourné le dos
Je casse du sucre dessus
Entre nous, plus de cadeaux
Les derniers qu'on a reçus
L'un de l'autre nous ont déçu

De ma part un fœtus
Et de la tienne un virus
Qu'on se souvienne pour longtemps
De cette demi-heure de bon temps
Une partie de roulette russe

En ayant tiré qu'un seul coup
On a bousillé trois vies
Après tout, tant pis pour nous
Mais, lui le fruit de cette simple envie
N'a pas pu donner son avis

Chacun de nous cherche à se défendre
Ce n'est pas en haussant le ton
Qu'on va réussir à s'entendre
Et si nous nous insultons
Risquons-nous de nous comprendre ?

On se convient, on se fréquente
On se contente de prendre du plaisir
Puis on se déchire, mais à vrai dire
De ce moment de détente,
Quel avenir était à prédire ?

Un coup de fil sur un coup de tête
Un coup devant au goût de foutre
D'un coup on file et on coupe net
En coup de vent passe le coup de foudre

A TOMBEAU OUVERT

L'aiguille du compteur bloquée
Comme au volant d'une voiture
Qui roule du mauvais côté
En fonçant droit dans le mur…

…jusqu'à le percuter.

A des milliers de kilomètres
De ce que l'on nomme droiture
Positif à l'éthylomètre
Et sans boucler ma ceinture…

…dite de sécurité.

Sans attendre de feu vert
Et sans aucune limitation
Je roule à tombeau ouvert
Au-delà des interdictions…

…tachez de m'éviter.

Ma ligne de conduite est continue
Je traverse en-dehors des clous
Sur une voie sans issue
Cédez le passage ou rangez-vous…

… nul ne pourra m'arrêter.

L'AMOUR VERITABLE

Veuillez me croire, j'ai tant d'amour à donner
Autant que de fautes à me faire pardonner
Les yeux dans les yeux, la cornée dans la cornée
Pour que l'on voie si chacun de nous se reconnaît

L'amour est un aphorisme
Comme une éphémère euphorie
Fréquemment faussé par un faux rythme
Facilement freiné par la folie

Rien qu'une part de son égoïsme
Que l'on tente de partager
Des actes de soi-disant héroïsme
Dont on se sent tous obligés

Selon ma propre vision
L'amour le plus vrai qui soit
C'est sans manteaux de vison
Sans dentelle ni soie

C'est sans caviar à la louche
Sans le soleil et les vagues
C'est sans cocktail à la bouche
Sans l'oseille ni les bagues

Juste un sourire au réveil
Des sentiments, des attentions
Du réconfort, des conseils
Du bonheur et de l'affection

Confiance et complicité
Sans se poser de questions
Même dans la complexité
Patience et compréhension

Alors si l'amour pour chacun
Aujourd'hui est accessible
Il peut nous remplir de chagrin
Est apaisant mais pas paisible

UN DE PLUS AU COMPTEUR

La mort est une délivrance
L'inévitable dénouement
Qui marque la fin des souffrances
En assouvissant l'engouement

Pour le repos et le silence
Le soupir ultime est sûrement
La plus courte des jouissances
Précédée par des hurlements

La mort nous guette à distance
Nous tombe dessus lentement
S'acharne avec insistance
Nous côtoie à chaque moment

Ici-bas, notre existence
N'est qu'un sursis permanent
Avec ou sans assistance
Elle nous atteint finalement

Lorsque la cloche retentit
Pour sonner la dernière heure
Le battement qui ralentit
N'est autre que celui d'un coeur

Que la mort anéantit
Elle m'a dans le collimateur
Que je meurs dans l'instant, tant pis
Je ne serai qu'un de plus au compteur

ELODIE
OU
L'AMOUR PLATONIQUE

Nous nous croisons dans ces couloirs
Tes lèvres ne me sourient pas
Juste un bonjour ou un bonsoir
Sans que ne ralentissent tes pas

Ton indifférence réduit
Ma frêle espérance, ELODIE

Pour ma part je te contemple
Mais toi, est-ce que tu me vois ?
Mon plaisir est des plus amples
Chaque fois que j'entends ta voix

Tes dires sonnent en mélodie
Caressent mes oreilles, ELODIE

Si tu me demandais la Lune
J'irai décrocher le Soleil
Je franchirais crevasses et dunes
Au-delà des Monts et Merveilles

Ce ne sont pas que des mots dits
Mais de vraies promesses, ELODIE

Avec une rose entre les dents
Je te donnerai la sérénade
Eternel sera le moment
De notre première accolade

Mais pour l'instant je suis maudit
Notre heure, je l'attends, ELODIE

Quand tes yeux se posent dans les miens
Ils me font perdre mes moyens
J'aimerais te demander ta main
Mais tu aimes un autre Damien

Chaque jour un peu plus grandit
Mon Amour pour toi, ELODIE

Pour moi tu es la plus belle, donc
Il n'existe plus d'autre femme
Mais mon physique est si quelconque
Que tu ne me trouves aucun charme

Parce que ta beauté m'enlaidit
Je dois t'oublier, ELODIE

MA TRAVERSEE DU DESERT

Il est un désert aride
Et indéfiniment vaste
Un décor sans contraste
Où on ne trouve pas de guide

Une étendue de solitude
Que je traverse depuis des lustres
L'âme étourdie de lassitude
Perdue dans mon corps vétuste

J'y suis arrivé de nulle part
En ne revenant de rien
Depuis le jour de mon départ
Je ne regarde qu'au lointain

La route est large et immense
La voie est libre à toute heure
J'y perds la perception, les sens
Mes repères et mes valeurs

Assourdi par le silence
Et son écho tapageur
Monologue aphone a distance
Mutisme révélateur

Le manque me harcèle et j'avance
En compagnie de l'absence
Béant à l'horizon, le néant
Et dans mon dos le vide ambiant

Foulant le sable des temps
D'un pas perdu, je me traîne
En piétinant le crissement
Des secondes qui s'égrènent

Je me dirige vers ailleurs
A destination d'où je vais
Entre les mirages et les leurres
Je ne situe pas l'arrivée

Il ne reste aucun témoin
Pas une seule trace de mes pas
On ne peut rebrousser chemin
Je ne me retourne pas

LE FEU ET LA GLACE

Sous une couche de pierre
Quasiment imperceptibles
Se trouvent les battements incendiaires
D'une flamme dont elle est la cible

Elle est ce feu, mais elle reste de glace
Je fais ce que je peux, pour avoir une place
Dans son coeur. De ses yeux je ne me lasse
J'ai beau faire de mon mieux, rien ne se passe

Ce brasier brûle mes artères
Mais ne m'apporte pas de chaleur
Finit par calciner mes nerfs
Sur des hectares de malheur

Je suis la glace, Elle est le feu
Je fonds en larmes, tant elle me chauffe
Rien ne remplace et rien n'est mieux
Que tous ses charmes, demeurant saufs

J'ai froid dans le dos et la chair de poule
Rien que de me faire à l'idée qu'elle m'échappe
Je ne vois qu'elle parmi la foule
Son absence: un fardeau, un carcan, une chape

Cependant le feu et la glace
L'un sans l'autre, ne peuvent exister
Si l'un détruit l'autre hélas
Le second éteint le premier

L'ANONYME SOLITAIRE

Il n'y a pas de célibataire
Parmi les célébrités

Entre les femmes et les affaires
S'est égarée l'intégrité

Seul l'anonyme solitaire
Peut atteindre la Liberté

Sans aucune attache, sur cette terre
Lui appartient chaque mètre carré

OBSCENES OBSEQUES : MR. LE PROFESSEUR

J'étais âgé d'à peine six piges
Entre nous, il y avait déjà litige
On l'appelait monsieur le professeur
De tout mes torts, le redresseur

Il était plus vieux et plus grand
Je baissais les yeux par manque de cran
Mais tout a changé maintenant
Il est fébrile et moi puissant

L'heure est venue de ses obsèques
Et elles sont des plus obscènes
Un enterrement si grotesque
Qu'on me laisse décrire la scène

Je l'imagine déjà au cœur
De l'un de mes délirants fantasmes
A l'agonie, sa dernière heure
Sera des plus fantasques

A cet instant on pourra voir
Ce que vaut monsieur le professeur
Si on lui ôte son savoir
Mais qu'on laisse battre son cœur

Il serait incapable de lire
L'inscription sur sa pierre tombale
Mais avant qu'on vienne le lui dire
Ca aura déjà tourné mal

Le temps se gâte, tourne à l'orage
Et souffle le vent de la rage
Cette brume soudaine qui se lève
N'est autre que l'esprit des élèves

Venus lui rendre la monnaie
De ces nombreuses et longues années
Passées en sa compagnie
A supporter ses sales manies

Ses sarcasmes ou ses remarques
Et tous ses jugements non fondés
Ils sont là pour lui rendre les claques
Et je le jure, ils les ont comptés

Au nom des analphabètes
Des cancres qu'il a fabriqués
En les persuadant qu'ils sont bêtes
A force de les foutre au piquet

Mais aujourd'hui le bonnet d'âne
Est réservé à son crâne
A genoux sur un manche en bois
Risqueront d'enfler, ses doigts

Ses phalanges vireront au bleu
Encaissant le poids des nombreux
Coups de règle métallique
Douleur, aigreur et panique

Lui paralyseront le corps
A chaque larme qu'il versera
S'assombrira le décor
Une chose est sûre c'est qu'il sera

Certainement privé de dessert
Et aussi de récréation
Il devra recopier ces vers
Cent fois pour sa punition

A tous les temps, à tous les modes
Vos camarades, à l'unisson
Appliqueront vos méthodes
Jusqu'à votre soumission

C'est fou comme il est bon
De respirer l'air fétide
Du corps en putréfaction
De cet opposé d'Euclide

A l'ombre de votre retraite
De Professeur des écoles
Vous vous plaisiez d'une vie faîte
De paresse aux relents d'alcool

En attendant de vous éteindre
N'ayant jamais vraiment brillé
Sans retour de bâton à craindre
Pensiez vous vous en tirer

Sans Némésis comme pensum ?
La seule question que je me pose :
Etiez vous vraiment un homme ?
Que votre corps en guerre repose

ANNAGRAMMES POUR UNE DIVINITE

Si on changeait en elle le haut,
Il y aurait MILLE NOYADES

Avec un air sans haine,
J'en fais une MODE SI ROYALE

Si elle est en supplément,
J'offre du LYS A MON IDOLE

Avec moins d'eau et plus d'ailes
IL Y A LES DEMONS

Si on ne touche à rien,
LA MODE S'Y NOIE,

Sans que nous l'
AYONS DEMOLIE,

Ni que ma mémoire ne l'oublie au
MOYEN DE SA LOI

A cause de mes souvenirs d'elle, que le
DOYEN A IMOLES

L'HEURE DE L'INVENTAIRE

Il n'est jamais vraiment tard
Et je n'ai pas extrêmement tort
De discerner les vantards
Pour distinguer mes mentors

L'heure est venue de l'inventaire
Je passe en revue ceux qui m'entourent
Il y en a qui rêvent qu'on m'enterre
D'autres, plus sages, attendent mon tour

Ceux qui ne veulent pas que je m'en tire
Ne m'aimeront que six pieds sous terre
Et plutôt que de me mentir
Ceux-là ont choisi de se taire

Je ne vais pas changer ma stature
Mon statut de contestataire
Ni laisser mon ossature
Au service d'un prestataire

La confusion est complète
Comment cerner qui complote ?
Discerner qui sont les traîtres
Et les projets qu'ils concoctent

Je n'ai pas de conviction concrète
Mais des impressions se confortent
Chaque ennemi me déconcerte
Combien d'amis me réconfortent ?

Bon nombre voudraient ma perte
Rarement on m'ouvre des portes
Hypocrisie malhonnête
Sous toutes formes et de toutes sortes

Quand la pression au baromètre
Se fait de plus en plus forte
Affirmations incorrectes
Et mensongères se colportent

Trop d'intrus aux alentours
Il est l'heure de l'inventaire
Faire le tri des gens qui m'entourent
En gardant la vision claire

Peu nombreux sont les gens droits
Intrigants sont les faux frères
Je les passe en revue avec sang-froid
Quand vient l'heure de l'inventaire

Ca ne date pas d'avant-hier
Pas seulement d'il y a dix jours
Disons des années entières
Peut-être même depuis toujours

J'entends des propos incendiaires
Tout comme d'élogieux discours
Il est l'heure de l'inventaire
Amis, ennemis, haine et amour

Depuis le début de mon aventure
Et tout au long de mon parcours
Etre sujet à l'imposture
M'a fait parler à des sourds

J'agis contre ma nature
M'attire des torts au détour
Je n'ai pas trouvé d'ouverture
Enfermé à double tour

Communiquer par l'écriture
Comme unique issue de secours
Exclure les tares et les ratures
Dont je ne suis jamais à cour

A force de parler aux murs
J'ai appris à les écouter
Le contenu de leurs murmures
J'aime mieux ne pas le répéter

Les bruits courent et les rumeurs
Se répandent à l'éternité
Les réputations demeurent
Mais s'oublient les identités

Les échos et les potins
Sont compliqués à démentir
Trop d'ego chez l'importun
On n'empêche personne de mentir

Mon horloge interne affiche
Que l'heure est venue de faire le tri
Le bien, le mal, le pauvre, le riche,
Ce qui ne vaut rien, ce qui n'a pas de prix,

Ce que j'ai gagné, ce qu'on m'a offert
Ce que j'ai perdu, ce qu'on m'a pris
Ce qui me reste et ce que je peux en faire
Pour me sentir à l'abri

DE LA TÊTE AUX PIEDS

A un **cheveu** de perdre la **tête**
Je **frise** la folie qui s'acharne
Permanente, elle me maltraite
Et amplifie mon mal de **crâne**

Au lieu de me voiler la **face**
Je tente d'y faire **front**
Mes **cils** faux que je m'y fasse
Je **doigts, joues** et mes chances à fond

Eviter les **cous** au **menton**
Et puis ne rien faire au **pif**
Soyons serre **yeux**, me ment-on ?
J'ai les **oreilles** qui sifflent

Certains ont le sourire aux **lèvres**
Quand d'autres grincent des **dents**
En un clin d'**œil** se brisent mes rêves
Je n'ai pas que ma **pomme d'Adam**

En travers de la **gorge**
Mais aussi ces **gênes** qui me **mine**
J'ai le **dos** large et ça me forge
A force de courber l'**échine**

On cherche à me briser la **nuque**
J'ai les **épaules**, l'envergure
Et suffisamment de **muscles**
Côte à **côte** sur ma carrure

Pour ne pas baisser les **bras**
Prendre mon courage a deux **mains**
Ronger mes **ongles** ne me vaudra
Qu'une **poignet** de regrets qu'on retient

Certains **panse** que j'ai rien dans le **ventre**
Mais j'ai un **cœur** d'homme affamé
La **foie**, des **tripes** et au centre,
Un énorme **estomac** fané

Les **poings** serrés au **coude** à **coude**,
Pas question de tirer aux **flancs**
Mon **sexe** a des coups de foudre
Pour deux **cuisses** ouvertes en grand

Quitte à finir sur les **rotules**
Je ne mettrai pas le **genou** au sol
Je tourne les **talons**, prends du recul
Mais n'enflent pas mes **malléoles**

Morphologie imparfaite
Que des paires d'**yeux** aiment épier
Sur les **épaules** je garde la **tête**
Et sur terre restent mes **pieds**

A L'ENCRE DE MON SANG

J'écris à l'encre de mon sang
Mes errances et mes souffrances
Je crie dans l'antre de mon temps
En quête d'éternelle jouvence

Souvent je stagne, doucement j'avance
Je m'oblige à être de taille
Sans aller plus vite que la danse
Ni épargner les détails

Justifier mes moments d'absence
Pour éviter d'être sur la paille
S'additionne à la malchance
Le revers de la médaille

Que je suis prêt à recevoir
Je défend mes préceptes de pied ferme
Il y a quelques âpres devoirs
Que je compte mener à terme

Quand on fléchit, on peut s'en faire
Mais pas quand on est debout
Même sans avoir les pieds sur terre
Ne jamais se mettre à genoux

Je résisterai sans vendre ma peau
Qu'on me traque et qu'on m'abatte
Je ne mourrai sous aucun drapeau
Et sans avoir cessé de me battre

Egoïste et solitaire
J'ai des défauts à corriger
Je n'ai pas l'intention de me taire
Ecrire, j'en suis obligé

Tout ce qu'on ne pourra pas comprendre
Je l'écris sans m'égosiller
Ce que je possède n'est pas à vendre
Personne ne peut le négocier

CONTESTATAIRE

Contestataire, c'est tellement
Et si peu de choses à la fois
Un franc-parler, du répondant
La langue bien pendue et pas de bois

Faire preuve de discernement
Et ne pas croire tout ce qu'on voit
Interpréter ce qu'on entend,
L'intégrer sans mauvaise foi

C'est de ne pas changer de voie,
Ni en dévier. Sans dériver
Avant d'en atteindre l'arrivée
C'est tout simplement être soi

Assumer chacun de ses choix
Pouvoir supporter le poids
Des conséquences qu'ils engendrent
C'est aussi savoir attendre

Patiemment, être méfiant
Vigilant et raisonnable
C'est se révolter en restant
Clairvoyant lucide et stable

C'est refuser de se laisser faire
Marcher droit, le torse bombé
La tête haute et l'air fier
Sans crainte ni peur de tomber

Tout en oubliant hier
Pour ne pas nourrir de regrets
Car en regardant derrière
On se met soi-même en retrait

C'est savoir rester distant
Tout en donnant de la voix
Et atteindre réellement
Ce que les autres touchent du doigt

Cette tranquillité d'esprit
Dont monsieur-tout-le-monde a envie
L'audace qu'il faut pour assumer
Chaque feu qu'on a allumé

Mais c'est aussi savoir quand
Et surtout comment les éteindre
Ne jamais changer de camp
Si l'ennemi invite à le rejoindre

Toujours se tenir à l'écart
Très loin de toute tentation
Des sacrifices obligatoires
Pour garder sa ligne d'horizon

Puisque tout est mesurable
Je sais que tout est démesuré
Donc tous les moyens sont valables
Quand il s'agit de s'en tirer

S'éloigner du cœur de cible
Lorsqu'on entend tirer
Chacun de nous est perfectible
Sur l'effort et la durée

Il existe bien un point fort
Commun à tout contestataire
L'art de ne jamais avoir tort
En affirmant le contraire

Se forger une opinion
Non pas celle par défaut
Mais celle que dicte la raison
En se démarquant du troupeau

Ce n'est pas qu'une simple attitude
Ou un rôle qui se joue en public
Plus qu'un mode de vie, l'aptitude
A vivre avec ou sans fric

A vivre en marge et sans limite
Ne pas reculer, ni aller trop vite
Suivre une trajectoire oblique
Mettre en théorie une pratique

C'est vivre en dehors des lois
Au beau milieu des flics
Cohabiter avec la soie
Mais s'habiller d'acrylique

Ce n'est pas donné à tout le monde
D'être un contestataire
Il ne s'agit pas que de répondre
Mais de combattre et ça se perd

C'est rester ferme et cogiter
Ne pas s'informer qu'au J.T
Ne pas s'instruire qu'au lycée
Ecrire sa propre odyssée

Et puis remettre en question
Tout ce qui peut être corrigé
Se préserver d'être un mouton
Ne pas se laisser diriger

S'interdire de péter les plombs
Garder le contrôle et gérer
Une fois qu'on a touché le fond
Il ne reste plus qu'à creuser

A CONTRE SENS / A CONTRE TEMPS

Marcher le long d'un trottoir
A contre sens, à contre temps
Comme on s'assoit sur l'accoudoir
D'un fauteuil au dernier rang

Un principe de contre pouvoir
Toujours à contre courant
Traversant un sombre couloir
Nourri par l'esprit conquérant

J'ai fais mes classes à cette école
Sans en déserter les bancs
Un apprentissage en sous-sol
Des armes et leur maniement

Quelques bons profs et des idoles
Assurent mon enseignement
L'encre est plus chère que le pétrole
Et vaut tous les saignements

Elle exprime à l'aide de symboles
Mon opinion, sincèrement
J'utilise mon temps de parole
Comme on prononce un serment

Quelque part au fond de la tête
S'égarent les clés d'un coffre-fort
Où se trouve la formule du bien-être
Dans le plus simple des conforts

A l'heure où l'argent devient maître
Absolu de chaque humain
Tout avoir mais ne rien être
Demeure l'objectif commun

SOUS L'EMPRISE DE LA TRISTESSE

Je me fais, chaque jour, du mouron. Je
suis sous l'emprise de tristesse
Celle qui nous vexe et nous ronge
Celle qui déçoit et qui blesse

Je lâche ce poids qui m'accable
Montre de quoi je suis capable
Je n'ai pas de caviar sur la table
Devant le buffet, danse macabre

Trop d'éléments perturbants
Et de blessures récurrentes
Des contacts virulents
D'incurables plaies béantes

Les bons moments comme Mémorial
Car les échecs indigestes
Et les mauvais souvenirs restent
Revenant nous saper le moral

Dans mon entourage j'observe
Qu'il y a des gens sur le qui-vive
Qui n'ont plus de courage ni de rêve
N'étant même plus sûr qu'ils vivent

QUAND MAL-ETRE ET MA LETTRE NE FONT QU'UN

Quand mal-être et ma lettre ne font qu'un
Usure et lassitude ne sont rien
À côté de ces souffrances qui me vont bien
Ne sachant même plus combien
Des gens que j'aime sont miens

Mille et un maux je contiens
A force plus rien ne me convient
Le malaise m'empêche de garder de bons liens

En perpétuel manque d'assurance
Torturé par mes carences
Récurrentes en confiance
Et ce mal fou à trouver un peu d'aisance

Estomperai-je par le silence
Total mes défaillances ?

Mes complexes sur mon apparence
A sombrer dans la déchéance ?

Le bonheur se fait attendre
Eperdument de patience je m'arme
Toute douleur est bonne à faire entendre
Toute peine mérite ses larmes
Rires et sourires deviennent légendes
Et puis, plus rien n'a de charme

Négatif, et à se pendre
Est mon actuel état d'âme

Fourmillent tant d'idées noires
Obstinément dans ma tête
Nuit après nuit des cauchemars
Tuent ma joie ou la maltraitent

Quand je reprends goût à mon histoire
Une grosse déception m'arrête

Un après-midi de désespoir
Ne font plus qu'un, mal-être et ma lettre

L'INSOUMISSION EN ALEXANDRINS

Je n'ai pas la moindre envie de me soumettre
Encaisser les coups de fouets, d'obéir aux maîtres
Ceux qui donnent des leçons sont des plus malhonnêtes
Me faire m'agenouiller, c'est mal me connaître

Comprenez bien que personne ne me commande
Je ne compte sur personne, n'attend pas d'aide
Je ne ferais pas tout ce que l'on me demande
Bien entendu, hors de question que je cède

A toutes sortes de chantage ou aux pressions
Quelle que soit la forme d'oppression que je concède
J'ai opté pour une totale insoumission
Tel est mon concept, la façon dont je procède

Pour ne pas tomber dans l'assujétion complète
Je ne vois aucune autre suggestion concrète
A proposer pour éviter la servitude
Se plier c'est mourir, j'en ai la certitude

Voilà pourquoi je ne me laisserai pas faire
Je suis des plus contradictoires dans l'attitude
Et mon opinion restera contestataire
Si peu m'importe que l'on me mène la vie rude

Dites-moi pourquoi je devrais rester à terre
Je voudrais juste prendre un peu plus d'altitude
Et ce avec ma force de caractère
Qui m'oblige à repousser toute lassitude

TELLE EST MA MANIERE D'ÊTRE

Puisque mon coeur n'est pas en pierre
Vous, lâches, pouvez me la jeter
Je garde mes valeurs de base entières
Pas un de vous ne peut m'acheter

Ni même tenter de me compromettre
Ou bien de me donner des ordres
Ce serait un peu comme de mettre
Autour de mon cou, une corde

Vous dîtes qu'elle n'a pas l'air nette
La façon dont je me comporte
- Conseil - Restez à quelques mètres
De moi, j'ai décidé de mordre

Telle est ma manière d'être
Ma nature humaine est morte
Mon coeur n'est plus à la fête
Défaite y est bien trop forte

Je jette un oeil à ma fenêtre
Et reste derrière ma porte
Chacun est seul dans sa tête
Sans garde du corps ni escorte

Difficile de rester droit
Au milieu d'esprits tordus
Au fil du temps l'effroi
Me gagne, je me sens perdu

Lorsque mon coeur est à l'étroit
Je retombe dans mes travers
Fidèle au poste dans ces endroits
Où l'on finit à l'envers

Telle est ma manière d'être
Ma nature humaine est morte
Jugé étrange, mon mode de vie, certes
N'a rien d'une vie à la mode

De la première de mes lettres
À la dernière de mes notes
Ma plume, reflet de mon mal-être
Se joue des normes et des codes

CETTE SENSATION QUI N'A PAS DE NOM

J'ai échangé mes bols d'air
Contre des verres de liquide
Un choix qui me laisse, amer,
Un arrière-goût insipide

C'est parce que la coupe est pleine
Que souvent la mienne est vide
Les phrases de mes couplets peignent
La fresque terne et livide

Des frasques, des coups, des peines
Des migraines, du mal de bide
Et puis il y a aussi les cernes
Qui accentuent mes rides

J'ai de l'amertume en bouteille
De l'anxiété dans mon verre
Une larme de joie dans mon cocktail
D'aigreurs et de travers

Juste un doigt, rien qu'un trait
De désarroi et de regret
J'avale le tout d'un seul trait
Ma peine se mesure en degrés

Noyer le poisson dans la boisson
N'est qu'un besoin sans utilité
Cette sensation n'a pas de nom
Et son envie n'est qu'une idée

Elle travestit mon attitude
Modifie mon univers
Commandite les plus absurdes
De mes trop nombreux travers

Déboussolante habitude
Qui me fait perdre le nord
C'est avec la tête au sud
Tous les soirs que je m'endors

QUOTIDIEN SANS TITRE

Que ce soit des pieds à la tête
Ou même de la tête aux pieds
Personne ne me ressemble, qu'on arrête
De suivre mon exemple, de me copier

A chacun sa manière de vivre
Et dans mon cas je suis unique
Volontairement je cultive
Mon petit côté atypique

Et le plus indésirable
De mes airs antipathiques
Ces propos désagréables
Que j'adore mettre en pratique

Le caractère exécrable
De certaines de mes répliques
Reflets d'une humeur instable,
Portent mes cris d'excentrique

Comportement détestable
Attitude énigmatique
Je n'ai pas envie d'être aimable
Encore moins diplomatique

Ma franchise est redoutable
J'en fais ma marque de fabrique
Je n'ai pas trouvé de raison valable
Pour me faire changer d'optique

J'ai des souvenirs inoubliables
De toutes les marques que j'abrite
Mes écrits, les effroyables
Pages d'un quotidien sans titre

LE CHEF D'ORCHESTRE

Le CHEF D'ORCHESTRE est à la tête
Des FANFARONS de la France
Puisque tout MARCHE A LA BAGUETTE
Et qu'il faut SUIVRE LA CADENCE

Nous sommes tous devant le buffet
Répétant le même PAS DE DANSE
Cherchant de quoi bouffer
Sombrant dans la décadence

Tout le monde CONNAIT LA MUSIQUE
Avec UN AIR DE VIOLON
Il a CONQUIT SON PUBLIC
C'est toujours LA MEME CHANSON

Le même SON DE CLOCHE rustique
Qui RESONNE à l'horizon
Le même REFRAIN qu'il DUPLIQUE
Sans REVOIR SA PARTITION

AU SOMMET DU HIT-PARADE
Grâce à de nombreux ARRANGEMENTS
SIFFLANT de stupides palabres
De son INSTRUMENT A VENT

S'offrant de petites BALADES
Au sein des rues en crânant
Dans sa GROSSE CAISSE il parade
Devant ceux qui manquent d'argent

Usant d'une paire de menottes
Il COMPOSE notre routine
Et à la moindre FAUSSE NOTE
Nous la fait METTRE EN SOURDINE

Le SOURD ECHO de ses brimades
Fait parfois trembler le SOL
Quand il nous donne la SERENADE
Sans y mettre de BEMOL

© 2009, Depaux Damien
Edition : Books on Demand, 12-14 rond-point des Champs Elysées, 75008 Paris
Impression : Books on Demand GmbH, Allemagne
ISBN : 9782810616510
Dépôt légal : décembre 2009